David Jugel

Die Entstehung des NATO-Doppelbeschlusses

Schwierige Entscheidungsfindung mit Folgen

GRIN Verlag

Bibliografische Information der Deutschen Nationalbibliothek:

Die Deutsche Bibliothek verzeichnet diese Publikation in der Deutschen National-
bibliografie; detaillierte bibliografische Daten sind im Internet über http://dnb.d-
nb.de/ abrufbar.

Impressum:

Copyright © 2010 GRIN Verlag, Open Publishing GmbH
Druck und Bindung: Books on Demand GmbH, Norderstedt Germany
ISBN: 978-3-640-82342-0

Dieses Buch bei GRIN:

http://www.grin.com/de/e-book/166106/die-entstehung-des-nato-doppelbeschlusses

GRIN - Your knowledge has value

Der GRIN Verlag publiziert seit 1998 wissenschaftliche Arbeiten von Studenten, Hochschullehrern und anderen Akademikern als eBook und gedrucktes Buch. Die Verlagswebsite www.grin.com ist die ideale Plattform zur Veröffentlichung von Hausarbeiten, Abschlussarbeiten, wissenschaftlichen Aufsätzen, Dissertationen und Fachbüchern.

Besuchen Sie uns im Internet:

http://www.grin.com/

http://www.facebook.com/grincom

http://www.twitter.com/grin_com

Philosophische Fakultät
Institut für Geschichte

Seminar: **Die Geschichte der BRD**

Wintersemester 2009/2010

Seminararbeit zum Thema:

„Die Entstehung des NATO-Doppelbeschlusses"

- Schwierige Entscheidungsfindung mit Folgen -

Vorgelegt von: **David Jugel**

Studiengang: Lehramtsbezogener Bachelor-Studiengang
                   für Allgemeinbildende Schulen
                   Geschichte
                   Gemeinschaftskunde/Rechtserziehung/Wirtschaft
                   3. Fachsemester

Datum: 16.02.2010

Inhaltsverzeichnis:

1. Einführung

Am 12. Dezember 2009 titelte die Wochenzeitung Die Zeit: „*Vor 30 Jahren fiel der NATO-Doppelbeschluss: Ohne ihn hätte es keine Friedensbewegung gegeben und keine grüne Partei – und vielleicht gäbe es die Sowjetunion heute noch*" (Vensky 2009). Hellmuth Vensky hebt damit in wenigen Zeilen hervor, welche Bedeutung dem NATO-Doppelbeschluss zugeschrieben werden kann. Die Konfliktintensität, die dieser Beschluss in sich trug, war maßgeblich für die weitere Entwicklung in Deutschland, sowie auf internationaler Ebene, verantwortlich. Die vorliegende Arbeit wird sich lediglich indirekt mit diesen Folgen befassen. Vielmehr soll gezeigt werden, wie der NATO-Doppelbeschluss zu Stande kam und dass seine Folgen nicht ausschließlich auf den konkreten Beschluss zurückzuführen sind, sondern auch aus dem Entstehungsprozess resultierten.

Soll dieser Prozess verständlich nachgezeichnet und analysiert werden, so ist es vorerst unabdingbar den NATO-Doppelbeschluss in den militärstrategischen Kontext des Ost-West-Konfliktes einzuordnen. Dem folgend sollen wichtige Eckpunkte, Motive und Interessen des Willensbildungsprozesses zum Beschluss gegenüber gestellt werden, mit dem Ziel die Kompromissstruktur des selbigen zu verdeutlichen, wobei immer wieder auf die Frage nach Einfluss eines militärisch-industriellen Komplexes zurückgegriffen wird. Abschließend beschäftigt sich die Arbeit mit den Ursachen und Folgen der langen Entstehungsphase, indem diese thesenartig und argumentativ aus dem dargestellten Prozesses abgeleitet werden.

Die Argumente der vorliegenden Arbeit fußen dabei auf einem breiten Spektrum an Fachliteratur, aber auch auf relevanten Memoiren, Reden und Fachzeitschriften. Besonders sind dabei die Werke „Der Nato-Doppelbeschluss" von Stephan Layritz, „Sicherheit und Stabilität" von Helga Haftendorn und „Ferngelenkte Friedensbewegung?" von Michael Ploetz und Hans-Peter Müller hervorzuheben, da diese umfangreich belegt sind und in ihrer Detailtreue die faktische Argumentationsgrundlage dieser Arbeit bilden. Daneben sind das von Helmut Schmidt verfasste Werk „Menschen und Mächte", sowie Michail Gorbatschows „Erinnerungen" und „Keeping Faith" von Jimmy Carter als subjektbezogene Darstellungen herangezogen worden. Solche Memoiren, genau wie journalistische Werke wurden aufgrund ihrer teilweise bedingt belegten Meinungsbilder mit der entsprechenden Distanz betrachtet. Nicht zuletzt sollte hier erwähnt werden, dass der NATO-Doppelbeschluss nur geringfügig Gegenstand der aktuellen historischen Forschung ist, folglich fundierte Belegliteratur vor allem Mitte der 80er bis Anfang des gegenwärtigen Jahrzehnts veröffentlicht wurde.

In ihrer Gesamtheit fordert die vorliegende Arbeit im qualitativen und quantitativen Rahmen der Vorgaben nicht, als wissenschaftliche Neuerkenntnis zu gelten, ferner erhebt sie jedoch den Anspruch auf Eigenständigkeit ihrer Argumentationsstruktur und den daraus gezogenen Schlussfolgerungen.

2. Der militärstrategische Kontext vor dem Hintergrund des Ost-West-Konflikts

Nach dem Ende des zweiten Weltkrieges brach der Ost-West-Konflikt, der im existenziellen Kampf der Anti-Hitlerkoalition in den Hintergrund getreten war, in erneuter Form zwischen den beiden aus dem Weltkrieg hervorgegangen Supermächten USA und UdSSR aus. Die Folge war eine starke Bipolarsierung des internationalen Staatensystems (vgl. Link 2004, 369), was sich nirgends so sehr materialisierte, wie im geteilten Deutschland. Neben der räumlichen Ebene des Konfliktes verschob sich vor allem auch die militärische Dimension, da, mit der Einführung der Nuklearwaffensysteme, Krieg ein Vernichtungsszenario darstellte, welches sich außerhalb der menschlichen Vorstellungskraft befand.

Die nuklearstrategische Überlegenheit, welche die USA bis Ende der sechziger Jahre innehatte, trieb die Sowjetunion in ihren Aufrüstungsbestrebungen immer wieder voran. Diese konfrontative Phase war geprägt von regressiven Ereignissen wie der Truman Doktrin, in welcher der amerikanische Präsident Henry S. Truman 1947 allen Völkern, deren Freiheit bedroht sei, Beistand zusicherte (vgl. Nolte 1985: 186f), sowie die Gründung des Kommunistischen Informationsbüro[1], in dessen Gründungssitzung die Sprache von „Zwei Lagern" ist und dass „[...] *sich das antiimperialistische demokratische Lager zusammenschließen [muss], gegen den amerikanischen Imperialismus"* (Gründungskommuniqué, zit. In: ebd.: 189). Die organisierte Konfrontationsstruktur manifestierte sich schließlich mit der Gründung der NATO[2] 1949 und ihrem östlichen Pendant, dem Warschauer Packt, 1955.

Was sich anschloss, war ein Wettlauf auf vielen Ebenen. Eine davon war das Wettrüsten der Nuklearwaffen. Hatten die Atombombenabwürfe auf Hiroshima und Nagasaki 1945 dazu geführt, dass die USA nun der über Osteuropa hinweg rollendenden Roten Armee etwas entgegenzusetzen hatte, versuchte Stalin mit einem eignen Atomwaffenprogramm seine Hegemonialstellung auf der Landmasse Osteuropas erneut zu sichern (vgl. Ploetz/Müller 2004: 25f). Die USA hingegen integrierten ihre Atomwaffen alsbald in die Containment-Politik, indem das Prinzip der „Massive Retaliation" eingeführt wurde. Diese von US-Präsident Dwight Eisenhower vertretene Strategie drohte der UdSSR im Falle eines Angriffs auf einen Verbündeten mit massiver nuklearer Vergeltung (vgl. Schwartz 1997: 20).

Chruschtschow erkannte mehr noch als Stalin, dass es die Atomwaffen waren, die die Sicherheitswaffen der Zukunft sein würden, sodass die UdSSR bald mit eigenen raketengestützten Trägersystemen[3] ausgestattet war (vgl. Ploetz/Müller 2004: 30). Die nun reale Gefahr eines sowjetischen Atomschlages mit größeren Schäden zwang die USA zu einer neuen Strategie im Umgang mit Nuklearwaffen, sodass die massive Vernichtung 1959 durch die flexible Antwort, Flexible Response, ersetzt wurde. Diese Strategie sah davon ab, das gesamte nukleare Arsenal

---

[1] war ein überstaatliches kommunistisches Parteienbündnis zwischen 1947 und 1956 (vgl. Nolte 1985: 189). abgekürzt „Kominform" und offiziell „Informationsbüro der Kommunistischen und Arbeiterparteien"
[2] North Atlantic Treaty Organization
[3] 1960 gelang es die SS-6 –Interkontinentalraketen als nukleares Trägersystem zu verwenden und damit erstmals auf dieser Ebene mit den USA zu konkurrieren.

ohne Relation zur vorangegangen Provokation einzusetzen und ging von einer flexibel gestaffelten Vergeltung aus (vgl. Berghe 2002: 211)

Der sowjetische Versuch, die USA direkt durch nukleare Trägerraketen verwundbar zu machen, endete 1962 mit der Kubakrise in die vorerst „heißeste Phase" des Kalten Krieges und letztlich in ein Umdenken auf beiden Seiten. Die Anerkennung des Gleichgewichts des Schreckens bewirkte für das Jahr 1963 die Phase der Semi-Détente, welche einerseits durch Kennedys Politik der graduellen Schritte, aber auch Chruschtschows Friedensbekundungen getragen wurde (vgl. Link 2003: 103). Dass diese Phase der Entspannung nur von kurzer Dauer war, liegt einerseits daran, dass die Führung der beiden Supermächte wechselte und vor allem Breschnew eine gewisse Re-Stalinisierung durchführte (vgl. Schwartz 1997: 24f), anderseits erschütterten externe Krisenherde, wie der Vietnamkrieg oder der Sechstagekrieg 1967, immer wieder das Verhältnis zwischen den Großmächten.

Schließlich zog die UdSSR Ende der 70er Jahre hinsichtlich der interkontinentalen nuklearen Schlagkraft mit den USA gleich und es stellte sich eine gesicherte Zweitschlagskapazität ein. Diese so genannte „Mutual Assured Destruction"-Theorie besagte, dass egal wer zu erst zuschlägt, dem Angegriffenen genügend nukleare Schlagkraft bleibe, um den Angreifer zu vernichten (vgl. Berghe 2002: 246). Damit wurde ein Atomkrieg in den Bereich des Unmöglichen verschoben. Diese neue Abschreckungsstabilität war die Grundlage einer größeren Entspannungsphase ab 1969. Werner Link spricht von einer „Détente" (Link 2005: 375), die auf drei Ebenen organisiert wurde, einer regional-bilateralen, wozu das osteuropäische Vertragswerk Willy Brandts zu zählen ist, einer regional-multilateralen Ebene, zu der die KSZE[4] 1975 gehört und schließlich einer global-bilateralen Ebene, die unter anderem durch die beiden SALT[5] verkörpert wird. Am Ende dieser Entspannungsphase stand neben dem Einmarsch der Sowjetunion in Afghanistan der NATO-Doppelbeschluss.

Gezeigt hatte sich, dass Theorien über den Ablauf eines möglichen Atomkrieges bzw. das Kräfteverhältnis bestimmend für das Handeln, sowie die Strategie der Supermächte war. Vor allem innerhalb der NATO waren das Sicherheitsbedürfnis und die Führungsrolle der USA mit ihrem „nuklearen Schutzschirm" in den ersten 25 Jahren nach dem Zweiten Weltkrieg von enormer Bedeutung. Mit der Entspannungspolitik verkomplizierte sich allerdings der Interessenausgleich zwischen den USA und Europa immer stärker. Besonders deutlich wird dies in der Entstehungsphase des NATO-Doppelbeschlusses zwischen 1977 und 1979.

---

[4] Konferenz über Sicherheit und Zusammenarbeit in Europa

[5] Gemeint sind die Strategic Arms Limitation Talks, Gespräche zur Rüstungsbeschränkung, die zwischen 1969 und 1972 und zwischen 1972 und 1979 stattfanden

3. Die lange Entstehungsphase des NATO-Doppelbeschlusses

3.1. Vielfalt der Motive, der militärisch-industrielle Komplex und eine offene Frage

Untersucht man die Motive für den NATO-Doppelbeschluss, ist festzustellen, dass diese keine aufzählbaren Größen sind, die sich für die verschieden Akteure bestimmen lassen. Vielmehr zeigt sich bei einer solchen Untersuchung der Prozesscharakter, der sich hinter den Beweggründen für den Beschluss verbirgt. Zu klären ist, welchen Einfluss dabei verschiedene Akteure auf nationaler und internationaler Ebene geltend machen konnten.

Als der US-Präsident Dwight D. Eisenhower am 17. Januar 1961 seine Abschiedsrede an das amerikanische Volk richtet, versucht er die Bedeutung der US-amerikanischen Rüstungsindustrie, welche aus der ständigen Konfrontation mit der UdSSR resultierte, deutlich zu machen: *„We have been compelled to create a permanent armaments industry of vast proportions. Added to this, three and a half million men and women are directly engaged in the defense establishment."* (Miller Center of Public Affairs). Weiterhin warnte er vor dem Einfluss dieser Industrie auf die Politik: *„In the councils of government, we must guard against the acquisition of unwarranted influence, whether sought or unsought, by the military-industrial complex."* (ebd.). Damit war das Schlagwort des militärisch-industriellen Komplexes geboren, eine Macht der Industrie, die vorsätzlich die Gefahr eines Angriffes durch die Sowjetunion schürt, um sich selbst sowie die eigene Expansion zu legitimieren. Nähme man die Existenz einer solchen Macht an, wofür sich zahlreiche Belege finden lassen (vgl. Bruhn[6] 1995: 104ff), könnte man schnell darauf schließen, dass vor allem durch den Lobbyismus der Militärindustrie der NATO-Doppelbeschluss von amerikanischer Seite befürwortet werden konnte. Die Stationierung amerikanischer Mittelstreckenraketen hätte bzw. hat der Rüstung eine neue Dynamik gegeben, welche durch die SALT I und II zunehmend begrenzt wurde[7]. So müsste nicht nur von einem Beschluss mit doppeldeutiger Aussage gesprochen werden, sondern auch von einem mit doppeldeutigen Motiven.

Dem Argument, dass die U.S.-Amerikanische Motivation vor allem rüstungsindustriell motiviert war, ist jedoch entgegen zu halten, dass in demokratischen Regierungssystemen der Willensbildungsprozess immer komplexer Natur ist und selten singulär durch eine einzelne Interessengruppe geprägt werden kann. Wie aber verlief dieser Prozess und welche Größen wirkten auf die Akteure ein? Eine Darstellung des Willensbildungsprozesses der Amerikaner, Europäer und deren Bindeglied der NATO bezüglich ihres Beschlusses soll darüber Aufschluss geben.

---

[6] Der ehemalige Spiegel-Journalist für Zeitgeschichte Jürgen Bruhn beschreibt in seinem Buch „Der Kalte Krieg oder Die Totrüstung der Sowjetunion" die Verflechtung von Pentagon und Rüstungsindustrie und leitet daraus den US-militärisch-industriellen Komplex ab.
[7] Interessanterweise argumentierte Michail Gorbatschow später ähnlich für die sowjetischen Motive zur Stationierung der SS 20 Raketen: „eigentlich besaß sie [die SS 20 Rakete] die Eigenschaften einer strategischen Rakete. [...] Das war ein unverzeihliches Abenteuer begangen unter dem Druck des militärisch-industriellen Komplexes" (Gorbatschow: 1995: 620)

3.2. Die Thematisierung der Grauzonenproblematik

Bis Mitte 1977 herrschte im Umfeld der Regierung Carter die Auffassung, dass die Dispari-
täten, die sich mit der ab 1976 einsetzenden Modernisierung der sowjetischen SS 4 und SS 5
Mittelstreckensysteme ergaben, durch das amerikanische Nuklearpotential der Interkontinen-
talsysteme abgedeckt werden könnten (vgl. Cortier: 118). Die präziseren SS-20 Raketen eigne-
ten sich zwar eher als strategische Waffen als ihre Vorgängermodelle, jedoch ging von ihnen
eine vergleichsweise geringe militärische Gefahr aus, da die USA auf ihre eigenen strategischen Systeme zurückgreifen konnte. Die eigentliche Gefahr dieser Modernisierung ging von
dem politischen Potential aus, die die Dislozierung der SS 20 Raketen mit sich brachte. Schon
in den SALT II versuchte die Sowjetunion mit der Nichtumgehungs-Klausel eine Zusammenarbeit zwischen Europäern und USA zu behindern, indem der USA keine Unterstützung der
europäischen Staaten durch Marschflugkörper zugestanden wurde (vgl. Layritz 1992: 38f). Mit
der Stationierung der SS-20 Systeme, sah die Bundesregierung diesen Prozess, der darauf ab-
zielte Europa und USA von einander zu trennen, fortschreiten. Es wurde befürchtet, dass es zu
einer „Abkopplung" der westeuropäischen Staaten von den USA kommt. (vgl. Haftendorn
1986: 94).

Folglich sahen die europäischen Regierungen die Verhandlungspolitik in den SALT II der
ab Januar 1977 agierenden Regierung Carter problematisch, welche zunehmend europäische
Interessen zugunsten ihrer „deep cut" -Ziele[8] opferten. Beispielhaft ist hierfür die selektive
Beschränkung der Marschflugkörper und Vernachlässigung der SS-20 Stellungen in den Ver-
handlungen, wobei deren Berücksichtigung in den Gesprächen den Europäern zuvor von Ford
zugesichert worden war. Letztlich sah Helmut Schmidt darin eine „Unberechenbarkeit" der
Regierung Carter, nicht nur für die westlichen Verbündeten, sondern auch für die Sowjet-
Administration. (vgl. Schmidt 1999: 226ff)

Berücksichtigt man diese Perspektive von Schmidt, erscheint seine Rede vor dem Institute
for Strategic Studies in London am 28. Oktober 1977 nicht als die oft gedeutete inhaltliche
Grundsteinlegung für den NATO-Doppelbeschluss. Vielmehr wollte Schmidt darauf aufmerk-
sam machen, dass die NATO und die USA, als Teil dieses Bündnisses, nicht mehr über ein
strategisches Gesamtkonzept verfügten[9]: *„Niemand kann bestreiten, daß das Prinzip der Parität vernünftig ist. [...] Wir alle haben ein Interesse daran, daß die Gespräche der beiden
Großmächte über Begrenzung und den Abbau nuklearstrategischer Waffen weitergehen*

---

[8] Der US-Außenminister Vance versuchte auf Anweisung Carters im Frühjahr 1977 nicht nur eine Rüstungsbeschränkung, sondern eine beidseitige Abrüstung der im STALT II behandelten Waffen zu erreichen. Dies scheiter-
te allerdings an der harschen Kritik Carters bezüglich der missachteten Menschenrechte in der UdSSR und dem
daraus resultierenden Wiederstand Moskaus hinsichtlich der Abrüstung (vgl. Link 1987: 311).

[9] Bis zum Antritt der Regierung Carter verfolgte die Regierung Ford den Ansatz, der kontrollierten Eskalation zur
Eindämmung der Zerstörung, den Kissinger schon einbrachte und dann von Außenminister Schlesinger zur
„Schlesinger Doktrin" weiterentwickelt worden war (vgl. Haftendorn 1986: 94). Dieses Konzept beinhaltete auch
das Vorgehen in Europa, wo es vor allem keinen nuklearen Eskalationsraum geben sollte, da dies den Atomkrieg
unweigerlich auch auf die USA ausgedehnt hätte.

[...]Auf der anderen Seite jedoch müssen gerade wir Europäer ein besonderes Interesse daran haben, daß auf diesem Gebiet nicht isoliert von den Faktoren verhandelt wird, die die Abschreckungsstrategie der NATO zur Kriegsverhinderung ausmachen" (Schmidt 1977: 197f). Schmidt macht damit deutlich, dass ein Bedarf einer Strategie besteht, die sowohl den SALT-Prozess fördert, als auch die europäischen Interessen berücksichtigt. Diese Lücke wurde auch als „Grauzonenproblematik" umschrieben (vgl. Layritz 1992: 41f)

Gleichwohl wird in der Rede Helmut Schmidts Sicherheitsvorstellung offensichtlich, die darauf abzielt, dass Entspannung und Frieden nur unter der Bedingung des Gleichgewichts möglich seien. Schon 1969 formuliert er in seinem Buch „Strategie des Gleichgewichts": „*Aber der Versuch, das Gleichgewicht auch hier in Europa aufrechtzuerhalten, gelingt nur, wenn ein Gleichgewicht des Engagements der beiden Supermächte in Europa bestehenbleibt"* (Schmidt 1969: 245). Dieses Gleichgewicht schien nun in Gefahr zu sein und es gab keine Strategie des Bündnisses zur Entgegnung dieser Disparität.

3.3. Der Perspektivenwechsel in Washington und die Weichenstellung für den NATO-Doppelbeschluss

Zielte die Londoner Rede, so Schmidt, nicht auf Aufrüstung ab (vgl. Schmidt 1999: 232), kann man sie insofern als Basis für den NATO-Doppelbeschluss bezeichnen, als dass der Hinweis auf die Lücke im Eskalationsspektrum auf europäischer Ebene zu einer Kursänderung in der Carter-Administration beigetragen hat. Dieses Umdenken war vor allem der öffentlichen Problematisierung zuzutragen. Denn das in Schmidts Rede angesprochene Problem war schon weitaus früher in den USA bekannt[10], musste nun aber durch seine öffentliche Präsenz auch eine Reaktion Washingtons nach sich ziehen, die sowohl den Verbündeten gerecht wurde und zugleich Entschlossenheit gegenüber der Sowjetunion demonstrierte (vgl. Layritz 1992: 51).

Als sich jedoch innerhalb der US-Regierung keine Entscheidung zu einer richtungsweisenden strategischen Antwort abzeichnete, motivierte die USA eine neue Kommunikationsebene innerhalb der NATO, indem eine Arbeitsgruppe, die High Level Group (HLG), durch hochrangige Mitglieder der Verteidigungsministerien der Mitgliedsstaaten gebildet wurde (vgl. Osgood 1983: 13f). Während diese Gruppe vorerst eine Bestandsaufnahme der existierenden Kernwaffen vollzog und darauf aufbauend relativ schnell zu konstruktiven Ergebnissen und Lösungsansätzen kam[11], entzweiten sich die Regierungen in Washington und Bonn über die Stationierung der Neutronenbombe (vgl. Link 1987: 314ff). Carter hatte Zusagen auf Stationierung dieser

---

[10] Bereits im August 1976 wies der Direktor des ACDA (Arms Control and Disarmament Agency) auf die Bedrohung der Disparität in Europa hin und forderte die Einbeziehung der Mittelstreckensysteme in die SALT II Verhandlungen (vgl. Layritz 1992: 40). Daneben hatte Helmut Schmidt nach eigenen Angaben auch immer wieder im direkten Gespräch mit Carter und seinem Sicherheitsberater Brzezinski auf die Grauzone hingewiesen (vgl. Schmidt 1999: 228)

[11] v.a. die britischen Vertreter der HLG arbeiteten auf eine begrenzte Modernisierung (evolutionary upward adjustment) des strategischen Mittelstreckensystems hin, um ein gestaffeltes Eskalationsspektrum zu gewährleisten (vgl. Ploetz/Müller 2004: 83).

Waffe unter dem öffentlichen Druck von Friedensprotesten de facto zurückgezogen, indem er sie an bedingungslose Zusagen der Dislozierung seitens der Bundesregierung knüpfte. Die BRD konnte eine solche Aussage nicht treffen, da dies Deutschland zu einer nuklearstrategisch entscheidenden Macht erhoben hätte. Infolge dessen musste sich die Regierung innenpolitischer Kritik stellen, sowohl seitens der Opposition, als auch innerhalb der Regierungsparteien (vgl. Link 1987: 316).

Das Ansehen des amerikanischen Präsidenten war damit in Europa auf einem „Tiefpunkt" angelangt (vgl. Layritz 1992: 58). Angesichts dieser Situation wollte die US-Regierung nicht die gleichen Fehler bezüglich der Modernisierung der Mittelstreckensysteme begehen und die Entscheidungen an einer solchen Modernisierung von Anfang an mit den Interessen der europäischen Regierungen abstimmen. Daher kam den Amerikanern auch der Vorschlag von Helmut Schmidt entgegen, sich auf Ebene der Staats- bzw. Regierungschefs über die Problematik zu verständigen (Haftendorn 1986: 116). Dieser Vorschlag wurde in einem Gipfeltreffen am 5. und 6. Januar 1979 auf der französischen Insel Guadeloupe umgesetzt. US-Präsident Carter, der französische Staatspräsident Giscard, der britische Premierminister Callaghan und der deutsche Bundeskanzler Schmidt konnten auf diesem Treffen zwar keinen konkreten Beschluss fassen, jedoch konnte Carter das erste mal mit einem eigenen Vorschlag eine amerikanische Linie festlegen (vgl. Layritz 1992: 62), die es den anderen Regierungen erlaubte, ihre Aussagen daran zu orientieren.

Nachdem Carter seine konkrete Position dargelegt hatte, nämlich der verstärkten sowjetischen Rüstung im Bereich der SS-20 Systeme mit Modernisierung der eigenen Systeme entgegentreten zu wollen und parallel dazu in den SALT III sich um Abrüstung zu bemühen, war Helmut Schmidt nach eigener Aussage, nicht auf einen so konkreten Vorschlag vorbereitet (vgl. Schmidt 1999: 233). Er ließ daher vorerst Callaghan und dann Giscard antworten, wobei ersterer vorschlug vor einer Dislozierung mit der Sowjetunion zu verhandeln. Giscard hingegen gab zu bedenken, dass die Sowjets eine wesentlich bessere Verhandlungsposition hätten, da diese bereits ihr Mittelstreckensysteme stationierten und durch lange Verhandlungen mit dieser Stationierung ungeachtet fortfahren könnten. Ergo mussten Verhandlungen von vornherein zeitlich begrenzt werden und im Falle des Scheiterns die Dislozierung der amerikanischen Systeme garantiert werden. Dieser im Grunde dem Doppelbeschluss entsprechenden Aussage stimmte Schmidt zu und erweiterte sie hinsichtlich des zu erwartenden innenpolitischen Widertandes um die Bedingung der Non-Singularität[12] und eine breite Risikobeteiligung (vgl. Layritz 1992: 69, Haftendorn 1986: 117f)

In Guadeloupe zeigte sich, dass es vor allem die Europäer waren, die an Rüstungskontrollverhandlungen interessiert waren, während die USA eine eigne Stationierung bevorzugten. Der

---

[12] Schmidt befürchtete ähnliche Proteste in Deutschland, wie die gegen die Neutronenbombe. Daher hielt er eine singuläre Stationierung neuer Mittelstreckenraketen auf westdeutschen Boden für innenpolitisch nicht durchsetzbar (vgl. Schmidt 1999: 234)

Doppelbeschluss, der dann in seiner letztlichen Ausführung von der HLG über das Jahr 1979 ausgearbeitet und am 12. Dezember 1979 durch den NATO-Rat verabschiedet wurde, war also ein Kompromiss zwischen Aufrüstung zur Wiederherstellung der Parität und Rüstungskontrollverhandlungen mit dem gleichen Ziel. (Link 1987: 318).

3.4.   Der NATO-Doppelbeschluss als Kompromiss?

Mit dem Doppelbeschluss erfüllte sich begrenzt Schmidts Vorstellung der Entspannung auf Basis des Gleichgewichts. Jedoch war die Entspannung hier dem Gleichgewicht vorweggeschaltet. Peter Cortier, Staatsminister des Auswertigen 1981 und 1982, stellt fest, dass der NATO-Doppelbeschluss ein *„völlig neuartiger und einmaliger Ansatz mit Vorschlag zu Rüstungskontrollverhandlungen vor der Stationierung eines neuen Waffensystems war"*, der *„gleichzeitig die Anwendung der seit dem Harmelbericht von 1967 gültigen NATO-Strategie, Sicherheit anzustreben durch glaubwürdige Abschreckung einerseits und durch Entspannung mit dem Osten und Abrüstung andererseits"*(Cortier 2001: 119) verfolgte.

Dennoch war der Beschluss eine Festlegung auf eine neue Strategie der NATO, eine Strategie, dessen Abwesenheit Helmut Schmitt 1977 in London kritisiert hatte, eine Kompromissstrategie, die den Willen zum Gleichgewicht und dem zur Entspannung entsprach. Er war ein Kompromiss von politischen und militärischen Erfordernissen, wobei den politischen für einen Zeitraum von vier Jahren Vorrang geleistet wurde und im Fall des Versagens die militärische Konsequenzen nach sich zog, während diese zugleich Druckmittel für die Durchsetzung ersterer darstellten. Der NATO-Doppelbeschluss war damit zu einer komplizierten Verflechtung von innen- und außenpolitischen Interessen verschiedener Akteure der westlichen Hemisphäre geworden. Diese Komplexität kann man als Ursache für die spätere Ungewissheit und die daraus resultierende Angst vor einem „Atomkrieg" anführen. Zu klären bleibt, warum selbst innerhalb Bündnises zwischen 1977 und Anfang 1979 keine beschlussfähigen Gegenstrategien für die Grauzonenproblematik entwickelt werden konnten.

4. Ursachen für das Führungsvakuum und die Verantwortungsfrage im Bündnis

Als der amerikanische Sicherheitsbeauftragte Zbigniew Brzezinski 1978 durch Europa reiste, um die Grauzonenproblematik nach dem Fehlschlag der Stationierung der Neutronenwaffen mit den Regierungen des Bündnisses zu beraten, kehrte er, so Zbigniew Brzezinski selbst, mit dem Eindruck nach Washington zurück, dass die europäischen Regierungen konzeptlos und unentschlossen dem weiteren Vorgehen gegenüber standen. (vgl. Brzezinski 1983: 294, zit. In: Layritz: 67).

Doch woher kam diese Konzeptlosigkeit? Helmut Schmidt hatte seit dem Frühjahr 1977 immer wieder auf die Grauzonenproblematik hingewiesen. Jedoch hatte keine europäische Regierung einen eigenen konkreten Lösungsvorschlag gebracht. Die Forderungen bezogen sich hauptsächlich auf die Berücksichtigung der Europäischen Interessen in den Verhandlungen zwischen USA und UdSSR.

Der Grund für die Konzeptlosigkeit findet sich auf innenpolitischer Ebene, sowohl in Europa, als auch in den USA. Präsident Carter musste sich von Anfang an der Kritik aussetzen, nichts von Militärstrategie und nationaler Sicherheit zu verstehen (vgl. Bruhn 1995: 184 ff). Die neue Regierung musste folglich ständig die Gradwanderung zwischen den Forderungen der Rüstungsbefürworter, vor allem dem Umfeld des „Committee on the Present Danger", und der protestierenden Friedensbewegung meistern. Dies gelang mehrfach nicht, da die Administration eigene Interessen, wie die „deep cuts" oder die „Stationierung der Neutronenbombe", nicht in den Willensbildungsprozess der Öffentlichkeit und zugleich in den der Europäer integrieren konnte.

Hieran wird die Problematik deutlich, die bis Guadeloupe immer wieder den Prozess der Problemlösung zur Schließung der Grauzone behindert hatte: Die Führungsspitze der Regierung Carter ist bis dahin nicht in der Lage gewesen innerhalb der amerikanischen Interessengruppen[13] einen Konsens herbeiführen, noch eine Richtlinie in der Sicherheitspolitik für die USA und das Bündnis vorzugeben. Somit paralysierte sie das gesamte Bündnis und stellte für Verbündete, sowie die Sowjetunion einen Unsicherheitsfaktor dar.

Die europäischen Regierungen standen damit zum einen vor dem Problem, dass sie nur auf Probleme hinweisen konnten, da es keine Richtlinie aus Washington gab. Ergo mussten sie sich auf die Rolle der Bittsteller zurückziehen. Zum anderen konnten sie keine eigenenen Konzepte vorbringen, da sie dies in eine singuläre Lage versetzt hätte, das heißt, dass es vor allem in Deutschland innenpolitisch nicht möglich war, ein eigenes Konzept durchzusetzen, welches Deutschland als direkten Gegenspieler zur Sowjetunion platziert hätte. Zumal eine solche Konzeption schon am Wiederstand in den Reihen der Regierungsparteien zu scheitern drohte (vgl. Haftendorn 1986: 125). Auch war dies nicht im Sinne von Helmut Schmitt, sah er sich doch als „Dolmetscher" zwischen den Großmächten. Die Verantwortung einer Strategie sollte in den USA liegen, Carter war jedoch vor Guadeloupe nicht dazu bereit. In sein Tagebuch schrieb er bezüglich der Frage der Stationierung der Neutronenwaffe: *„It became obvious during the discussion between him* (Hans-Dietrich Genscher), *me, Cy* (US-Außenminister Cyrus Vance)*, and Zbig* (Zbigniew Brzezinski) *that the Germans are playing footsie with us on the ER-weapons. They want us to announce production. [...]We finally decided that [...] I would announce that we were deferring the decision, and then the options would be predicated on European acceptance of deployment"* (Carter 1995: 233). Der Präsident war demnach nicht gewillt, die Verantwortung für ein Vorgehen in Europa zu tragen.

---

[13] Gemeint sind hier vor allem Akteure wie das State Department, Arms Control and Disarmament Agency, Committee on the Present Danger, Institute for Contemporary Studies in Kalefornien sowie Verteidigungs-und Außenministerium

Dieser Umstand, ob er nun aus dem eigenen Standpunkt abgeleitet war, oder aus der Unfähigkeit die Verantwortungsübernahme durchzusetzen, ist die Ursache für die lange Aufschiebung der Problematik. Sekundär bleibt zu erwähnen, dass die Regierung der USA, wie auch der BRD die Mittel des Bündnisses, wie die HLG oder andere Arbeitsgruppen der NATO bis Guadeloupe nur schwach nutzten, bzw. deren Arbeit unterschätzten. Helmut Schmidt selbst waren bis Guadeloupe die Ergebnisse der HLG sogar unbekannt (vgl. Layritz 1992: 65f).

5. (K)eine Schlussbetrachtung

Mit dem NATO-Doppelbeschluss schien Ende 1979 ein Kompromiss gefunden zu sein, der alle Interessen und Motive berücksichtigte. Der weitere Fortgang zeigte deutlich, dass die Wirkung des NATO-Doppelbeschlusses keineswegs den Intentionen seiner Schöpfer folgte. Gründe hierfür sind zum einen externe Krisen, welche das internationale Klima beherrschten, wie die Revolution im Iran und die Geiselnahme von Teheran sowie der Einmarsch der Sowjetunion in Afghanistan. Weder die Regierung in Bonn noch die in Washington waren in der Lage, diese Krisen zu überwinden und der Regierungswechsel in beiden Staaten lässt sich zweifelsohne teilweise auf diesen Umstand zurückführen.

Zum anderen findet sich ein nicht unbeträchtlicher Ursprung jener Unfähigkeit bzw. Unüberwindbarkeit der Situation schon in dem in dieser Arbeit betrachteten Zeitraum der Entstehung des NATO-Doppelbeschlusses. Denn erst die Verschleppung der Grauzonenproblematik hatte zu einer Situation geführt, wie wir sie Ende 1979 vorfanden, ein sowjetischer Staat mit übersteigertem Selbstbewusstsein und wenig Kompromissbereitschaft. Denn während des Entstehungszeitraumes des NATO-Doppelbeschlusses, in dem das Bündnis bezüglich der Mittelstreckenproblematik gelähmt schien, konnte die UdSSR weiter rüsten und sich in eine immer bessere Verhandlungsposition bringen. Die politische Schwäche Carters, die durch den Rückzug seiner Zusage, die Neutronenwaffe zu stationieren, deutlich wurde, bekräftigte wiederum die sowjetische Führung in ihrer Entscheidung, an dem Ausbau ihrer Mittelstreckensysteme festzuhalten. Dies bezeugen die Aussagen Michail Gorbatschows: *„Möglicherweise glaubte die politische Führung, wenn wir unsere Raketen stationieren, würden die Friedenskämpfer im Westen Gegenmaßnahmen schon verhindern"* (Gorbatschow 1995: 620f). Tatsächlich gaben zwischen Oktober und Dezember 1979 dann auffällig viele bedeutende Mitglieder des Zentralkomitees Interviews in westlichen Medien (vgl. Garthoff 1983: 208). Mit diesem Alibi gelang es in der Sowjetunion dem militärindustriellen Komplex noch eher als in den USA, politischen Einfluss zu gewinnen. Zumindest unterstellt dies Gorbatschow an gleicher Stelle: *„Keiner von ihnen [die Führung der UdSS] aber wog den Nutzen der Stationierung gegen die zu erwartenden Reaktion des Westens ab. Das war ein unverzeihliches Abenteuer begangen unter dem Druck des militärisch-industriellen Komplexes"* (Gorbatschow 1995: 620f).

In den USA war sich der Präsident Jimmy Carter zwar eines ähnlichen Komplexes bewusst[14] und steuerte mit dem Versuch, SALT II zu retten, bis zum Schluss diesem entgegen. Jedoch kam er dabei gezwungenermaßen den „konservativen Denkfabriken" zur Mehrheitsbildung im Kongress durch verschiedene Direktiven[15] mehrmals entgegen. Er bereitete somit den Weg für einen starken Einfluss dieser Denkfabriken unter der Reagan-Administration vor (vgl. Bruhn 1995: 187f). Der militärisch-industrielle Komplex in den USA hat so freilich kaum Einfluss auf die Entstehung des NATO-Doppelbeschlusses gehabt, sein späterer Einfluss muss jedoch als Ergebnis des Führungsvakuums während dieser Zeit gesehen werden.

Über diese Arbeit hinausführend wären auch die Abläufe und Reaktionen innerhalb der sowjetischen Führung während des westlichen Einigungsprozesses genauer zu betrachten. Ebenfalls bleiben dem quantitativen Rahmen geschuldet eine genaue Untersuchung des Aufstiegs der „Denkfabriken" in der Reagan-Administration, sowie die Bemühungen Helmut Schmidts um einen Abrüstungskompromiss zwischen 1980 und 1982 ungeachtet. Bedingt konnte schon in der Entstehungsphase der Doppelsinn des NATO-Doppelbeschlusses außerhalb der Inhaltlichen Ebene herausgestellt werden. Vor allem die doppelten und parallelen Ziele, die mit dem Beschluss verfolgt wurden, sind deutlich nachgezeichnet wurden. Fortführend wäre eine Betrachtung der doppelten Wirkung, im Sinne des kurzfristigen Misserfolgs und langfristigen Erfolgs oder der rüstungsmotivierten Regression, die letztlich zum Zusammenbruch der Sowjetunion führte, also zugleich der Rüstung im Ost-West-Konflikt ein Ende setzte, denkbar.

Zusammenfassend lässt sich diesbezüglich formulieren, dass der Einfluss der Entstehungsphase für die Wirkungsweise des NATO-Doppelbeschlusses für beide Machtblöcke von hoher Bedeutung war. Letztlich hat die Konfrontation, die er hervorrief, doch zum INF-Vertrag, einer Abrüstung der Mittelstreckensysteme, geführt. Somit war der Beschluss langfristig gesehen auch Ursache für einen wichtigen Teil des Umbruchprozeseses in der UdSSR. Denn die Verhandlungsbereitschaft zum INF-Vertrag resultierte neben sicherheitspolitischen Motiven auch aus der durch die Rüstungsspirale überstrapazierten Wirtschaftslage der UdSSR. Somit führten der NATO-Doppelbeschluss und letztlich sogar der militärisch-industrielle Komplex zum Zusammenbruch der Sowjetunion und damit zum Ende des Ost-West-Konfliktes. Folglich kann der NATO-Doppelbeschluss samt seiner Entstehung aus heutiger Perspektive als erfolgreich eingestuft werden. Die Problematik, die bleibt, trifft Zeitautor Hellmuth Vensky abschließend in seinem oben zitierten Artikel kurz und prägnant: *„Das hätte auch schief gehen können"* (Vensky 2009)

---

[14] *„In both countries, the military-industrial complex is extremely powerful and constantly pushing for larger defense budgets. New weapon systems are always being conceived [...] This Progress can take as long as ten years, and once it gains momentum, it is almost impossible to stop"* (Carter 1995: 218)

[15] Gemeint sind die „Presidential Dierektves" Nr.18 und Nr.59, die die Entwicklung und Nutzung von präzisen strategischen Waffen ermöglichten, die nun auch gegen Komando-, Kontroll- und Kommunikationszentren der Sowjetunion eingesetzt werden durften (vgl. Bruhn 1995: 187).

6. Literartur

Monografien:

Bruhn, Jürgen (1995): Der Kalte Krieg oder: Totrüstung der Sowjetunion. Der US-militär-industrielle Komplex und seine Bedrohung durch Frieden, Gießen

Carter, Jimmy (1995): Keeping Faith: Memoirs of a President, Toronto u.a.

Gorbatschow, Michail (1995): Erinnerungen, Berlin

Haftendorn, Helga (1986): Sicherheit und Stabilität. Außenbeziehung der Bundesrepublik zwischen der Ölkrise und NATO-Doppelbeschluss, München

Layritz, Stephan (1997): Der NATO-Doppelbeschluss. Westliche Sicherheitspolitik im Spannungsfeld von Innern-. Bündnis- und Außenpolitik, Frankfurt am Main

Nolte, Ernst (1985): Deutschland und der Kalte Krieg, Stuttgart

Ploetz, Michael; Müller, Hans Peter (2004): Ferngelenkte Friedensbewegung). DDR und UdSSR im Kampf gegen den NATO-Doppelbeschluss, Münster

Schmidt Helmut (1969): Strategie des Gleichgewichts. Deutsche Friedenspolitik und die Weltmächte, Stuttgart

Schmidt, Helmut (1995): Menschen und Mächte, Berlin

Schwarz, Reichard Alan (1997): The Cold War Reference Guide. A General History and Annotated Chronology, with Selected Biographies, Jefferson

Sammelbände:

Corterier, Peter (2001): Die Regierung Schmidt und der NATO-Doppelbeschluss. In: Raketenpoker um Europa. Das sowjetische SS 20-Abenteuer und die Friedensbewegung, hrsg. von der Bayrischen Landeszentrale für politische Bildung, München; Akademie für politische Bildung, Tutzing: S. 118 - 125

Link, Werner (1987): Außen und Deutschlandpolitik in der Ära Schmidt 1974-1982. In: Republik im Wandel 1974 – 1982. Die Ära Schmidt, hrsg. von Jäger, Wolfgang; Link, Werner, Mannheim: S. 275 – 423

Link, Werner (2004): Konfliktformationen des Internationalen Systems im Wandel. In: Einführung in die Internationale Politik, hrsg. von Knapp, Manfred; Krell, Gert, München, S.368 - 397

Link, Werner (2003): Détente – Entspannungs- und Ostpolitik der siebziger Jahre im Widerstreit. In: Geschichtsbilder hrsg. von Aretz, J.; Buchstab, G.; Geuager, J.-D., Freiburg im Preisgau: S. 203 – 121

Wettig, Gerhard (2001): Die Bunderepublik im Brennpunkt der widerstreitenden Interessen von NATO und UdSSR während des Raketenstreits 1979 – 1983. In: Raketenpoker um Europa. Das sowjetische SS 20-Abenteuer und die Friedensbewegung, hrsg. von der Bayrischen Landeszentrale für politische Bildung, München; Akademie für politische Bildung, Tutzing: S. 36 – 74

Fachzeitschriften:

Garthoff, Raymond L. (1983): The NATO Decision on Theater Nuclear Forces. In: Political Science Quarterly, 98(2): S.197 - 214

Osgood Eugenia V. (1983): Euromissiles, Historical and Political Realities. In: Bulletin of the Atomic Scientists, 39 (10): S. 13 - 21

Dokumente und Internetquellen

Miller Center of Public Affairs, University of Virginia (1961): Farewell Address (17. Januar 1961) Dwight David Eisenhower. URL: http://www.dgps.de/dgps/kommissionen/ethik/003.php4, Download vom 08.02.2010 16.50 Uhr

Schmidt, Helmut (1977): Politische und wirtschaftliche Aspekte der westlichen Sicherheit. Vortrag des Bundeskanzlers in London, In: Sicherheit und Stabilität. Außenbeziehung der Bundesrepublik zwischen der Ölkrise und NATO-Doppelbeschluss, Haftendorn, Helga,1986, München: S. 195 - 212

Vensky, Hellmuth (2009): Als der Kalte Krieg auftaute (12. Dezember 2009) Zeit Online. URL: http://www.zeit.de/wissen/geschichte/2009-12/nato-doppelbeschluss, Download vom 13.12.2009 1807